# Coleção Sabores do Mundo

# TORTAS SALGADAS

ÍNDICE



GIRASSOL

# PASTÉIS DE ESPINAFRE

Lave bem o espinafre e cozinhe em água com sal por 5 minutos. Escorra, esprema e pique grosseiramente. Frite a cebola na manteiga até ficar macia. Adicione o espinafre e refogue por alguns minutos sem parar de mexer. Tempere com sal e pimenta. Peneire a farinha com uma pitada de sal. Faça uma cova no centro, quebre os ovos e mexa com um garfo, incorporando gradualmente a farinha e adicionando leite suficiente, um pouco por vez, até formar uma massa macia que não grude. Amasse até ficar lisa e elástica. Abra a massa com um rolo até ficar bem fina e recorte discos com 10 cm de diâmetro. Espalhe um pouco do recheio de espinafre sobre metade de cada disco, deixando a borda livre. Feche o disco formando pastéis semicirculares. Pressione as bordas com um garfo para selar. Frite os pastéis em gordura bem quente, até ficarem dourados. Escorra os pastéis sobre papel absorvente e sirva em seguida.

*Porções: 8*

*Preparo: 30 min*

*Cozimento: 20 min*

*Nível de dificuldade: 1*

**RECHEIO**

- **1 maço de espinafre**
- **1 cebola pequena bem picada**
- **3 colheres (sopa) de manteiga**
- **sal e pimenta-do-reino a gosto**

**MASSA**

- **$1\ ^{3}/_{4}$ xícara (chá) de farinha de trigo**
- **3 ovos**
- **100 ml de leite**
- **azeite ou óleo de girassol para fritar**

**Sugestão**

Para variar o recheio, frite o espinafre rapidamente em um pouco de azeite. Tempere com sal e pimenta e adicione uma pequena quantidade de passas sem sementes, hidratadas e escorridas.

*Estes pastéis deliciosos são uma especialidade da Emilia Romagna, uma região no centro da Itália.*

# TORTA AGRIDOCE DE LULAS



Numa vasilha, desmanche o fermento, adicione o açúcar com metade da água e mexa até o fermento se dissolver. ❧ Deixe descansar por 10 minutos num local morno, mas não quente. ❧ Numa vasilha funda, peneire a farinha com o sal. Faça uma cova no centro e despeje o fermento, o azeite e a água restante. ❧ Mexa com uma colher de pau até a farinha ser absorvida. Se necessário, adicione mais água morna. ❧ Coloque a massa sobre uma superfície polvilhada com farinha e amasse até ficar lisa e elástica. ❧ Molde uma bola e coloque numa vasilha. Cubra com um pano e deixe crescer num local quente por 1 hora ou até a massa dobrar de volume. ❧ Na hora de usar, sove um pouco a massa sobre uma superfície levemente enfarinhada. ❧ Aqueça o azeite numa frigideira e refogue o alho por 3 minutos. Retire o alho e adicione as lulas. Cozinhe em fogo moderado por 15 minutos, mexendo freqüentemente. ❧ Junte os outros ingredientes e cozinhe por mais 15 minutos. Tempere com sal e pimenta. ❧ Divida a massa em duas partes, uma quase duas vezes maior que a outra. Abra o pedaço maior até ficar com uns 3 mm de espessura. Use para forrar o fundo e os lados de uma fôrma de aro removível. Deixe a massa um

*Porções: 4*

*Preparo: 30 min + 1 h*

*Cozimento: 1 h*

*Nível de dificuldade: 1*

**MASSA**

- **15 g de fermento biológico**
- **1 colher (chá) de açúcar**
- **200 ml de água morna**
- **2 1/2 xícaras (chá) + 2 colheres (sopa) de farinha de trigo**
- **2 colheres (chá) de sal**
- **2 1/2 colheres (sopa) de azeite de oliva**

**RECHEIO**

- **4 colheres (sopa) de azeite de oliva**
- **1 dente de alho amassado**
- **400 g de lulas limpas picadas grosseiramente**
- **4 tomates maduros, descascados e cortados em cubos**
- **200 g de azeitonas pretas sem caroço**
- **4 colheres (sopa) de passas**

- **4 colheres (sopa) de pignolis**
- **4 colheres (sopa) de alcaparras**
- **sal e pimenta-do-reino a gosto**

*Esta receita agridoce tem forte influência da cozinha do Oriente Médio.*

pouco acima da borda da fôrma. ❧ Coloque o recheio de lulas. ❧ Abra o pedaço menor com a mesma espessura e use para cobrir as lulas. Dobre a borda da massa para dentro. ❧ Asse em forno preaquecido a 200°C por 30 minutos. ❧ Sirva quente ou à temperatura ambiente.

# TORTA DE OVOS COM BACON

Prepare a massa. Corte o bacon em pedaços pequenos e refogue numa frigideira por alguns minutos. Abra metade da massa para forrar uma fôrma redonda de aro removível. Coloque mais ou menos metade do bacon sobre a massa e quebre os ovos por cima. Fure as gemas com uma faca para que escorram um pouco. Arrume o bacon restante por cima. Abra a outra parte da massa e faça folhas decorativas ou uma borda ondulada, se preferir. Leve ao forno preaquecido a 200°C por 30 a 40 minutos até a massa ficar dourada. Sirva quente ou fria.

*A maioria das crianças adora uma torta de ovos com bacon, além de ser uma opção muito prática para um piquenique.*



*Porções: 4-6*

*Preparo: 10 min + 2 h*

*Cozimento: 30-40 min*

*Nível de dificuldade: 1*

- **180 g de massa folhada (veja receita na pg. 20)**
- **6 fatias de bacon magro**
- **6 ovos**
- **sal e pimenta-do-reino a gosto**

# TORTINHAS DE GORGONZOLA

*Porções: cerca de 12*

*Preparo: 15 min + 2 h*

*Cozimento: 15 min*

*Nível de dificuldade: 2*

- **350 g de massa folhada (veja receita na pg. 20)**
- **250 g de queijo gorgonzola**
- **150 g de cream cheese**
- **pimenta-do-reino a gosto**
- **1 ovo batido**

Prepare a massa. Desmanche o gorgonzola numa tigela, misture com o cream cheese e tempere com pimenta. Abra a massa folhada até ficar bem fina. Corte círculos de 9 cm, voltando a abrir o que restar dos recortes até acabar a massa. Coloque metade dos círculos sobre uma assadeira untada e enfarinhada. Umedeça as bordas da massa com um pouco do ovo. Divida o preparado de queijo pelos círculos e cubra com os círculos restantes. Feche as tortinhas, pressionando bem as bordas da massa. Faça um pequeno corte sobre cada tortinha para deixar o vapor sair e pincele com ovo. Leve ao forno preaquecido a 230°C por uns 15 minutos ou até a massa ficar crocante. Sirva quente ou frio.

# TORTA DE ARROZ COM ABÓBORA

Ferva a água com o leite e uma pitada de sal. Adicione o arroz. Cozinhe por 10 minutos e escorra. ❧ Descasque a abóbora. Retire as sementes e rale a polpa sobre um pano de prato. Segure as pontas do pano e esprema bem a abóbora ralada, para retirar a umidade.

*O arroz e a abóbora combinam muito bem com a ricota neste recheio cremoso e quase doce.*

❧ Misture a abóbora com o arroz, adicione o parmesão, a ricota, o ovo, a manteiga, sal e pimenta. ❧ Peneire a farinha formando um monte e faça uma cova no centro. Coloque o azeite e um pouco de água. Misture gradualmente a farinha e adicione água aos poucos, formando uma massa fácil de trabalhar. ❧ Sove a massa até ficar lisa e elástica e abra até ficar bem fina. ❧ Corte dois círculos de massa, um maior que o outro. Use o maior para forrar uma fôrma de aro removível com 25 cm de diâmetro, untada com manteiga e polvilhada com farinha de rosca. ❧ Recheie com o preparado de arroz e abóbora e cubra com o outro círculo de massa, pressionando as bordas para selar. Pincele a superfície com o óleo e espete várias vezes com um garfo. ❧ Leve ao forno preaquecido a 180°C por uns 45 minutos. ❧ Sirva quente ou à temperatura ambiente.

*Porções: 8*

*Preparo: 30 min*

*Cozimento: 45 min*

*Nível de dificuldade: 1*

**Recheio**

- **500 ml de água**
- **450 ml de leite**
- **sal e pimenta-do-reino a gosto**
- **3 xícaras (chá) de arroz**
- **500 g de abóbora**
- **60 g de queijo parmesão ralado**
- **125 g de ricota**
- **1 ovo**
- **$1\frac{1}{2}$ colher (sopa) de manteiga**

**Massa**

- **2 xícaras (chá) de farinha de trigo**
- **2 colheres (sopa) de azeite de oliva**
- **manteiga para untar**
- **2 colheres (sopa) de farinha de rosca**
- **óleo para pincelar**

# TORTA DE LEGUMES

Prepare a massa folhada. ❧ Corte os pimentões em tirinhas, as abobrinhas em rodelas e as cenouras em fitas. ❧ Refogue os pimentões no azeite com uma pitada de sal por 10 minutos em fogo forte, mexendo freqüentemente. Retire os pimentões e reserve. ❧ Use o mesmo azeite para refogar as abobrinhas com uma pitada de sal. Retire da frigideira e reserve. ❧ Com papel absorvente, elimine o azeite da frigideira. Coloque a manteiga, as cenouras, o vinho e uma pitada de sal, e cozinhe até o líquido evaporar e as cenouras ficarem macias. ❧ Numa superfície de trabalho levemente enfarinhada, abra a massa e use para forrar uma fôrma untada com pelo menos 2,5 cm de altura. Espete a massa com um garfo. ❧ Cubra com papel-alumínio, coloque os feijões por cima e leve ao forno preaquecido a 190°C por 35 minutos. ❧ Retire os feijões e o papel-alumínio e asse por mais 10 minutos. ❧ Recheie com os legumes e sirva como aperitivo ou acompanhando uma tábua de queijos (ricota, mussarela, queijo branco ou mascarpone) num almoço leve.

*Porções: 6*

*Preparo: 20 min + 2 h*

*Cozimento: 1 h*

*Nível de dificuldade: 1*

- **1 receita de massa folhada (ver receita na pg. 20)**
- **2 pimentões vermelhos**
- **4 abobrinhas**
- **4 cenouras grandes**
- **sal e pimenta-do-reino a gosto**
- **3 colheres (sopa) de azeite de oliva**
- **2 colheres (sopa) de manteiga**
- **125 g de vinho branco**
- **200 g de feijão cru**

# TORTA DE BATATA

Cozinhe as batatas até ficarem macias. Descasque e reduza a purê ainda quentes. Numa frigideira grande, refogue a cebola na manteiga e na banha em fogo baixo. Junte o molho de carne e apague o fogo. Adicione as batatas, o parmesão, o leite e o sal e misture bem. Peneire a farinha com uma pitada de sal. Faça uma cova no centro e adicione 1 colher (sopa) do azeite e um pouco de água morna. Misture a farinha e junte mais água aos poucos, formando uma massa fácil de trabalhar. Sove a massa até ficar lisa e elástica. Enfarinhe uma superfície e um rolo de macarrão e abra a massa até ficar bem fina. Corte dois círculos, um maior que o outro. Use o maior para forrar uma fôrma funda de aro removível com 24 cm de diâmetro, untada com manteiga e polvilhada com farinha de rosca. Distribua o preparado de batata, cubra com o outro círculo e feche as bordas da massa. Pincele a superfície com o azeite restante e espete várias vezes com um garfo. Leve ao forno preaquecido a 180°C por 45 minutos. Sirva quente.

*Essa torta é um bom prato de inverno. Sirva com uma salada verde ou mista.*

*Se não tiver molho de carne assada, substitua pela mesma quantidade de caldo de carne ou galinha.*

*Porções: 6-8*

*Preparo: 45 min*

*Cozimento: 45 + 30 min*

*Nível de dificuldade: 1*

**RECHEIO**

- **1 kg de batatas**
- **1 cebola bem picada**
- **1 colher (sopa) de manteiga**
- **60 g de banha de porco bem picada**
- **2 colheres (sopa) de molho de carne assada**
- **150 g de queijo parmesão ralado**
- **60 ml de leite**
- **sal a gosto**

**MASSA**

- **1 $^{3}/_{4}$ xícara (chá) de farinha de trigo**
- **2 colheres (sopa) de azeite de oliva**
- **manteiga para untar**
- **2 colheres (sopa) de farinha de rosca**

# TORTA DE ESPINAFRE

Prepare a massa da torta. ❧ Misture o espinafre e a ricota numa vasilha. Adicione o parmesão, os ovos, o creme de leite, o sal, a pimenta e a noz-moscada, se estiver usando. Misture bem. ❧ Retire a massa da geladeira. ❧ Abra e forre uma fôrma untada. ❧ Distribua a cobertura e polvilhe com a farinha de rosca. ❧ Espalhe a manteiga por cima e leve ao forno preaquecido a 180°C por cerca de 40 minutos. ❧ Sirva quente ou à temperatura ambiente.



*Porções: 6*

*Preparo: 10 min + 1 h*

*Cozimento: 40 min*

*Nível de dificuldade: 2*

- **1 receita de massa básica (ver receita na pg. 20)**
- **750 g de espinafre cozido, espremido e picado**
- **250 g de ricota**
- **5 colheres (sopa) de queijo parmesão ralado**
- **2 ovos batidos**
- **150 ml de creme de leite**
- **sal e pimenta-do-reino a gosto**
- **1 pitada de noz-moscada (opcional)**
- **2 colheres (sopa) de farinha de rosca**
- **2 colheres (sopa) de manteiga em pedaços**

# GRATINADO DE BATATA COM PRESUNTO E NOZES

*Porções: 4-6*

*Preparo: 20 min*

*Cozimento: 1 h*

*Nível de dificuldade: 1*

- **1 kg de batata**
- **1 receita de molho bechamel (ver receita na pg. 36)**
- **60 g de queijo parmesão ralado**
- **2 colheres (sopa) de manteiga**
- **sal e pimenta-do-reino a gosto**
- **200 g de presunto picado**
- **200 g de nozes sem casca**
- **200 g de mussarela**
- **2 colheres (sopa) de farinha de rosca**

Cozinhe as batatas com casca em água com sal por cerca de 25 minutos. Escorra e deixe esfriar. Prepare um molho bechamel grosso e adicione o parmesão. Descasque as batatas e corte em rodelas com 1 cm de grossura. Unte um refratário com manteiga e cubra o fundo com uma camada de batatas, sem deixar espaços vazios. Cubra com uma camada de bechamel e polvilhe com o presunto e um pouco de nozes picadas. Arrume outra camada de batatas e cubra com a mussarela e mais um pouco do bechamel. Faça uma última camada de batatas e cubra com o bechamel restante. Polvilhe com a farinha de rosca e espalhe a manteiga restante. Leve ao forno preaquecido a 180°C por cerca de 25 minutos. Enfeite com as nozes restantes e sirva quente como entrada ou prato principal.

# TORTA NAPOLITANA

Desmanche o fermento e adicione o açúcar. Misture com o leite e deixe descansar por 5 minutos. Numa vasilha, coloque a farinha, polvilhe com o sal e faça uma cova no centro. Adicione o preparado de fermento, a manteiga e os ovos. Misture com uma colher de pau até a farinha absorver a maior parte dos ingredientes. Transfira para uma superfície levemente enfarinhada. Sove por vários minutos até a massa ficar lisa e elástica. Coloque numa vasilha, cubra com um pano e deixe crescer num local quente e coberto por 2 horas. Corte os tomates ao meio e retire as sementes. Refogue no azeite por 4 minutos, em fogo forte. Agite a frigideira de vez em quando para virar os tomates, em vez de mexer com uma colher. Unte com manteiga e enfarinhe uma fôrma de aro removível com 23 cm de diâmetro. Depois que a massa tiver crescido, transfira para uma superfície levemente enfarinhada e dê tapinhas com os dedos. Separe cerca de 1/3 da massa e reserve. Coloque o restante na fôrma e abra com as mãos até forrar o fundo e lados. Cubra com metade da mussarela e depois com o tomate. Polvilhe com sal, pimenta e o manjericão, e cubra com o presunto e a mussarela restante. Polvilhe com o parmesão e, se quiser, mais pimenta. Abra a outra parte da massa num círculo

*Porções: 4-6*

*Preparo: 45 min + 3 h*

*Cozimento: 25 + 30 min*

*Nível de dificuldade: 3*

**Massa**

- **20 g de fermento biológico**
- **2 colheres (chá) de açúcar**
- **4 colheres (sopa) de leite morno**
- **2 xícaras (chá) de farinha de trigo**
- **1 colher (chá) de sal**
- **150 g de manteiga em pedaços, à temperatura ambiente**
- **4 ovos levemente batidos**

**Recheio**

- **450 g de tomates maduros sem pele**
- **2 colheres (sopa) de azeite de oliva**
- **2 colheres (sopa) de manteiga**
- **300 g de mussarela em fatias**
- **sal e pimenta-do-reino a gosto**
- **8 folhas de manjericão**

- **150 g de presunto em tiras**
- **4 colheres (sopa) de parmesão ralado**
- **1 ovo batido**

*Este prato especial vem da região de Nápoles, no sul da Itália.*

do tamanho da fôrma. Pincele as bordas com metade do ovo. Cubra o recheio com a massa e sele as bordas, pressionando levemente com os dedos. ❧ Deixe crescer por cerca de 1 hora. ❧ Pincele a superfície com o ovo restante e leve ao forno preaquecido a 200°C por 30 minutos. ❧ Sirva quente.

# TORTA DE CEBOLA

Prepare a massa. Refogue as cebolas na manteiga em fogo baixo por 30 minutos, mexendo freqüentemente até ficarem macias e douradas. Numa vasilha, bata ligeiramente o ovo e adicione o leite e a farinha, mexendo bem para não formar grumos. Tempere com sal e pimenta. Abra a massa e use para forrar uma fôrma de aro removível. Cubra a massa com papel-alumínio, pressionando para que grude. Asse em forno preaquecido a 180°C por 15 minutos. Retire do forno e, usando uma luva de cozinha, pressione a massa para baixo com cuidado até se contrair um pouco. Retire o papel-alumínio e leve a massa ao forno por mais 5 minutos. Retire do forno novamente, espalhe o preparado de cebolas e despeje por cima a mistura de ovo e leite. Asse por mais 20 minutos. Sirva quente.



*Porções: 6*

*Preparo: 40 + 40 min*

*Cozimento: 40 min*

*Nível de dificuldade: 2*

- **1 receita de massa básica (ver receita na pg. 20)**
- **1 kg de cebolas em rodelas**
- **90 g de manteiga**
- **1 ovo**
- **200 ml de leite**
- **1 colher (sopa) de farinha de trigo**
- **sal e pimenta-do-reino a gosto**

# Receitas de massa

**Massa básica**

*Para uma fôrma com 23 cm de diâmetro*

*Preparo: 10 + 50 min*

*Nível de dificuldade: 2*

- **1 $^{3}/_{4}$ xícara (chá) de farinha de trigo**
- **1 gema**
- **1 pitada de sal**
- **125 g de manteiga amolecida**
- **125 ml de água gelada**

Peneire a farinha formando um monte e coloque no centro a gema, a manteiga e o sal. Comece a misturar os ingredientes com os dedos. Incorpore a farinha aos poucos, adicionando água de vez em quando. Se formarem grumos, respingue com água e amasse com a palma das mãos. ❧ Continue amassando até a massa ficar macia e homogênea, sem grudar na superfície de trabalho. ❧ Forme uma bola, embrulhe num pano de prato leve à geladeira por 40-50 minutos. ❧ Para assar, siga as instruções de cada receita.

**Massa de pão**

*Para uma fôrma com 23 cm de diâmetro*

*Preparo: 20 min + 1 h*

*Nível de dificuldade: 1*

- **15 g de fermento biológico**
- **1 colher (chá) de açúcar**
- **200 ml de água morna**
- **2 $^{1}/_{2}$ xícaras (chá) + 4 colheres (sopa) de farinha de trigo**
- **2 colheres (chá) de sal**
- **2 $^{1}/_{2}$ colheres (sopa) de azeite de oliva**

Numa vasilha, desmanche o fermento e misture com o açúcar e metade da água, mexendo até dissolver. ❧ Deixe descansar por 10 minutos num lugar morno, mas não quente; aparecerá espuma na superfície. ❧ Peneire a farinha com o sal. Faça uma cova no centro e despeje o líquido com o fermento, o azeite e grande parte da água restante. ❧ Mexa com uma colher de pau até toda a farinha ser absorvida. Se necessário, adicione mais água. ❧ Coloque a massa numa superfície enfarinhada e sove até ficar macia e elástica. ❧ Molde uma bola e coloque numa vasilha grande. Cubra com um pano de prato dobrado ao meio e deixe crescer num local quente, sem correntes de ar, durante 1 hora ou até dobrar de volume. ❧ Na hora de usar, sove por alguns instantes sobre uma superfície levemente enfarinhada.

**Massa de ricota**

*Para uma fôrma com 23 cm de diâmetro*

*Preparo: 10 + 50 min*

*Nível de dificuldade: 2*

- **1 $^{3}/_{4}$ xícara (chá) de farinha de trigo**
- **1 pitada de sal**
- **130 g de manteiga amolecida**
- **130 g de ricota**

Siga as instruções da receita de massa básica. Adicione a ricota quando a farinha e a manteiga estiverem quase incorporadas.

## Massa folhada

*Para uma forma com 23 cm de diâmetro*

*Preparo: 10 min + 1 h*

*Nível de dificuldade: 3*

- **4 xícaras (chá) de farinha de trigo**
- **$^1/_2$ colher (chá) de sal**
- **200 ml de água**
- **50 ml de aguardente**
- **$^1/_2$ colher (chá) de açúcar**
- **500 g de manteiga gelada**

Coloque a farinha numa superfície lisa, formando um monte. Faça uma cova, coloque o sal, a aguardente, a água e o açúcar. Misture os ingredientes com as mãos, fazendo movimentos circulares de fora para dentro até obter uma massa homogênea. ❧ Forme uma bola com a massa, embrulhe num pano de prato e deixe descansar por 30 minutos. ❧ Abra a massa com um rolo numa superfície enfarinhada formando um quadrado. Trabalhe a manteiga com um rolo, formando um quadrado com poucos centímetros de espessura. Coloque a manteiga no centro do quadrado de massa. Dobre sobre ela um dos lados da massa e, em seguida, dobre o oposto. Dobre os outros lados, formando um quadrado. Abra a massa num formato retangular com cerca de 1 cm de espessura. ❧ Dobre o retângulo de dentro para fora em três partes iguais, sobrepondo-as. Abra a massa mais uma vez até formar um retângulo. ❧ Repita a operação anterior, dobrando a massa pela terceira vez. Coloque a massa na geladeira por 10 minutos. Abra, desta vez dobre em quatro, levando as duas extremidades até o centro e fechando como um livro. Aplique nas receitas.

## Massa especial

*Para uma fôrma com 23 cm de diâmetro*

*Preparo: 15 + 30 min*

*Nível de dificuldade: 3*

- **2 xícaras (chá) de farinha de trigo**
- **1 colher (chá) de sal**
- **60 g de manteiga**
- **6 colheres (sopa) de água fria**

Numa vasilha grande, misture a farinha com o sal. Faça um buraco no centro e coloque a manteiga e a água. Misture os ingredientes com um garfo, amassando a manteiga à medida que trabalha. ❧ Quando os ingredientes estiverem mais ou menos misturados, transfira para uma superfície levemente enfarinhada e sove até obter uma massa macia, lisa e elástica. ❧ Achate a massa com um rolo e forme um retângulo. Dobre os lados mais curtos do retângulo para dentro, um sobre o outro. Abra a massa formando outro retângulo, trabalhando na direção oposta às dobras. Volte a dobrar os lados mais curtos do retângulo para dentro. Repita os dois passos. ❧ Abra a massa num retângulo ou círculo, dependendo da fôrma utilizada. A massa deverá ficar com uns 5 cm de espessura. ❧ Forre o fundo e os lados da fôrma, cubra com filme plástico e leve à geladeira por 30 minutos.

# TORTA DE QUEIJO



Misture o fermento com a água, adicione o açúcar e deixe descansar por 10 minutos. ❧ Numa vasilha, misture os ovos e o azeite. ❧ Coloque a farinha numa vasilha, polvilhe com sal e faça uma cova no centro. Adicione os preparados de fermento e ovo e misture até a farinha absorver todos os ingredientes. A massa ficará macia e pegajosa. ❧ Mexa durante 8 minutos com uma colher de pau. Cubra com um pano de prato e deixe crescer num local quente e coberto por 2 horas. ❧ Depois de crescida, adicione os queijos e a pimenta. Mexa durante 4 minutos. ❧ Unte e polvilhe uma fôrma de aro removível com 25 cm de diâmetro. Coloque a massa e deixe crescer por 2 horas. ❧ Leve ao forno preaquecido a 190°C por 40 minutos. Sirva quente.

*Essa receita tradicional da Itália é servida bem quente, com um prato de presunto e salame.*

*Porções: 6-8*

*Preparo: 40 min*

*Crescimento: 10 min + 4 horas*

*Cozimento: 40 min*

*Nível de dificuldade: 1*

- **20 g de fermento de biológico**
- **3 1/2 colheres (sopa) de água morna**
- **1 colher (chá) de açúcar**
- **3 ovos + 1 gema batidos**
- **6 colheres (sopa) de azeite de oliva**
- **2 1/2 xícaras (chá) de farinha de trigo**
- **2 colheres (chá) de sal**
- **150 g de parmesão ralado**
- **90 g de queijo prato em cubos**
- **1/2 colher (chá) de pimenta-branca**

# TORTA DE SALMÃO

Numa vasilha grande, coloque a farinha, o queijo, as cebolas, o sal e a pimenta. Em outra vasilha, bata os ovos com o leite e a manteiga. Misture os dois preparados até obter uma mistura homogênea. Adicione o salmão ou atum com cuidado, em pedaços pequenos. Transfira para uma assadeira untada e polvilhada com farinha e leve ao forno a 160°C por 30 minutos, até ficar assada por dentro e dourada por cima. Sirva quente ou à temperatura ambiente.

*Essa torta é muito fácil de fazer e fica deliciosa com uma salada e um pão fresquinho e crocante.*



*Porções: 4*

*Preparo: 15 min*

*Cozimento: 25-30 min*

*Nível de dificuldade: 1*

- **½ xícara (chá, cheia) de farinha de trigo com fermento**
- **150 g de queijo cheddar ralado**
- **2 cebolas pequenas picadas**
- **sal e pimenta-do-reino a gosto**
- **3 ovos batidos**
- **250 ml de leite**
- **2 colheres (sopa) de manteiga derretida**
- **250 g de salmão (ou atum)**

# TORTA DE QUEIJO COM CREME DE LEITE

*Porções: cerca de 12*

*Preparo: 15 + 30 min*

*Cozimento: 15 min*

*Nível de dificuldade: 2*

- **1 receita de massa de ricota (ver receita na pg. 20)**
- **3 ovos levemente batidos**
- **125 g de queijo emmenthal ralado na hora**
- **150 ml de creme de leite light**
- **sal e pimenta-do-reino a gosto**
- **150 g de bacon picado grosseiramente**

Prepare a massa de ricota. ❧ Misture os ovos com o queijo, o creme de leite, sal e pimenta. ❧ Retire a massa da geladeira. ❧ Abra a massa e forre o fundo e as laterais da fôrma. Espalhe o bacon e depois o preparado de ovos. ❧ Leve ao forno preaquecido a 180°C por 35 minutos. Aumente um pouco a temperatura do forno nos últimos 5 minutos, para que a superfície da torta fique dourada. ❧ Sirva bem quente.

# TORTA DE MACARRÃO

Numa vasilha, peneire a farinha e adicione o sal e o açúcar. Acrescente a manteiga e trabalhe rapidamente com as pontas dos dedos, obtendo uma farofa fina. ❧ Misture as gemas com um garfo e continue com os dedos até incorporar as gemas à massa. ❧ Forme uma bola, envolva em filme plástico e coloque na geladeira por 30 minutos. ❧ Para fazer o molho de carne, derreta a manteiga numa frigideira. Refogue o bacon por 5 minutos, adicione a alcatra e o fígado e refogue até ficarem dourados, mexendo sem parar. ❧ Despeje o vinho e cozinhe até evaporar. ❧ Adicione o tomate e tempere com a canela, a noz-moscada, sal e pimenta. ❧ Deixe cozinhar em fogo baixo por 40 minutos. ❧ Prepare o molho bechamel. ❧ Unte com a manteiga restante uma fôrma de aro removível com 24 cm de diâmetro e polvilhe com farinha de rosca. ❧ Abra 2/3 da massa num círculo grande o bastante para forrar o fundo e os lados da fôrma. Coloque a massa na fôrma. ❧ Cozinhe o macarrão até ficar *al dente*. ❧ Escorra e misture com metade do molho de carne. ❧ Com uma colher, espalhe uma camada de macarrão sobre a massa. Cubra com uma camada do molho de carne restante, seguida por uma camada de molho bechamel. Polvilhe com um

*Porções: 4-6*

*Preparo: 1 h + 30 min*

*Cozimento: cerca de 1 h*

*Nível de dificuldade: 3*

**MASSA**

- **2 $^1/_2$ xícaras (chá) de farinha de trigo**
- **1 pitada de sal**
- **5 colheres (sopa) de açúcar**
- **150 g de manteiga em pedaços**
- **3 gemas**

**MOLHO DE CARNE**

- **4 colheres (sopa) de manteiga**
- **60 g de bacon bem picado**
- **250 g de alcatra em cubinhos**
- **200 g de fígado de frango limpo em cubinhos**
- **125 ml de vinho tinto seco**
- **300 ml de tomates passados na peneira**
- **1 pitada de canela**
- **1 pitada de noz-moscada ralada**
- **sal e pimenta-do-reino a gosto**

- **1 receita de molho bechamel (ver receita na pg. 36)**
- **1 colher (sopa) de manteiga**
- **1 xícara (chá, rasa) de farinha de rosca**
- **450 g de macarrão tipo pene**
- **100 g de queijo parmesão ralado**

pouco de parmesão. ♣ Repita o processo até ter usado todos os ingredientes. ♣ Abra a massa restante num círculo para cobrir a torta. Pressione as bordas da massa para fechar bem. ♣ Leve ao forno preaquecido a 180°C por 35 minutos. ♣ Retire do forno e deixe descansar por 10 minutos antes de servir.

# CASQUINHAS CROCANTES

Dissolva o fermento na água e deixe descansar por 15 minutos. Peneire a farinha com o sal. Faça uma cova no centro e adicione a banha e o fermento. Mexa com um garfo, incorporando a farinha aos poucos e adicionando água se necessário. Transfira para uma superfície enfarinhada e sove até obter uma massa lisa e elástica. Molde uma bola e coloque numa vasilha coberta com um pano. Deixe crescer num local quente por cerca de 1 hora. Abra a massa até ficar com 3 mm de espessura. Corte em losangos ou quadrados com cerca de 5 cm de lado. Frite aos poucos, em óleo ou banha bem quente, até ficarem dourados. Escorra em papel absorvente. Sirva em seguida com um prato de queijo fresco, presunto e salame.



*Porções: 8-10*

*Preparo: 40 min + 1 h*

*Cozimento: 20 min*

*Nível de dificuldade: 1*

- **45 g de fermento biológico**
- **250 ml de água morna**
- **4 xícaras (chá) de farinha de trigo**
- **1 pitada de sal**
- **4 colheres (sopa) de banha derretida**
- **óleo ou banha para fritar**

# BOLINHOS DE CEBOLA E QUEIJO

*Porções: 4*

*Preparo: 15 + 30 min*

*Cozimento: 15 min*

*Nível de dificuldade: 1*

- **4 cebolas pequenas em rodelas finas**
- **4 colheres (sopa) de azeite de oliva**
- **4 ovos**
- **1 pitada de sal**
- **60 g de queijo parmesão ralado**
- **4 colheres (sopa) de farinha de rosca**
- **óleo para fritar**
- **vinagre balsâmico a gosto**

Refogue a cebola no azeite até ficar dourada. ❧ Bata os ovos com uma pitada de sal e adicione o parmesão e a farinha de rosca. ❧ Junte a cebola e misture bem. Deixe descansar por 30 minutos no mínimo. ❧ Despeje colheradas da mistura em bastante óleo bem quente e frite até dourar. ❧ Escorra os bolinhos em papel absorvente. Respingue com vinagre balsâmico e sirva bem quente.

*Este prato simples exalta o sabor magnífico do vinagre balsâmico.*

# QUICHE DE BRÓCOLIS COM ALHO-PORÓ

Prepare a massa. Corte a parte branca do alho-poró em rodelas finas. Refogue no azeite, tampe e cozinhe por 15 minutos. Retire do fogo e reserve. Frite o bacon até ficar dourado e crocante. Reserve. Divida os brócolis em buquês com 1 cm e cozinhe em água com sal por 10 minutos. Escorra e reserve. Abra a massa e forre uma fôrma untada com 25 cm de diâmetro. Espete várias vezes com um garfo. Cubra com papel-alumínio e encha com os feijões. Leve ao forno preaquecido a 180°C por 15 minutos. Retire o papel-alumínio e os feijões e deixe a torta no forno por mais 5 minutos. Bata os ovos e adicione o leite, o creme de leite, o parmesão, o sal e a pimenta. Bata com um batedor manual até o preparado espumar. Coloque o alho-poró e os brócolis sobre a massa e espalhe por cima o bacon, os ovos e o queijo. Leve ao forno preaquecido a 180°C , virando de vez em quando para que asse por igual. Após 35 minutos, verifique com um palito se o recheio está assado. Se o palito sair sujo, deixe assar por mais 5 a 10 minutos. Sirva quente como entrada ou prato principal.



*Porções: 6*

*Preparo: 1 h + 1 h*

*Cozimento: 1 h 30 min*

*Nível de dificuldade: 2*

- **1 receita de massa básica (ver receita na pg. 20)**
- **2 alhos-porós médios**
- **$1\frac{1}{2}$ colher (sopa) de azeite de oliva**
- **150 g de bacon em cubinhos**
- **500 g de brócolis**
- **manteiga para untar**
- **sal e pimenta-do-reino a gosto**
- **500 g de feijão cru**
- **3 ovos + 2 gemas**
- **450 ml de leite**
- **250 ml de creme de leite**
- **100 g de queijo parmesão ralado**

# TORTA DE ASPARGOS



Esta torta de aspargos é preparada do mesmo modo que a torta de cebola da página 18. Cozinhe os aspargos no vapor, escorra e separe as pontas verdes. Divida as pontas em tiras e refogue na manteiga por alguns minutos. Misture com os ovos, o queijo, o óleo, sal e pimenta. Na montagem, siga as instruções da torta de cebola. Você também pode usar vagem (cerca de 800 g) cozida e refogada em manteiga por alguns minutos, ou a mesma quantidade de cogumelos refogados por 8 minutos em fogo forte com 4 colheres (sopa) de azeite, 2 dentes de alho picados e 2 colheres (sopa) de salsa.

*Porções: 6-8*

*Preparo: 40 + 30 min*

*Cozimento: 35 + 40 min*

*Nível de dificuldade: 2*

- **1 receita de massa básica (ver receita na pg. 20)**
- **1,5 kg de aspargos frescos e limpos**
- **3 colheres (sopa) de manteiga**
- **4 ovos**
- **60 g de queijo parmesão ralado**
- **250 g de ricota**
- **3 colheres (sopa) de óleo**
- **sal e pimenta-do-reino a gosto**

# PIZZA DE CHICÓRIA



Prepare a massa de pão. Abra a massa num disco e coloque numa fôrma de pizza com 25-28 cm untada. Pressione a superfície da massa com as pontas dos dedos fazendo covinhas. Polvilhe com sal, regue com 2 colheres (sopa) de azeite e espalhe o tomate por cima. Leve ao forno preaquecido a 230°C por 15 minutos. Enquanto a pizza está no forno, lave bem a chicória. Elimine as folhas mais duras, seque bem as folhas internas e pique grosseiramente. Retire a pizza do forno, espalhe a chicória e polvilhe com o queijo, o aliche e as alcaparras, se estiver usando. Retorne a pizza ao forno por mais 10 minutos. A chicória vai murchar um pouco e perder alguma cor, mas deve ficar bem crocante, fazendo um contraste delicioso com o queijo derretido.

*Porções: 6*

*Preparo: 25 min + 1 h*

*Cozimento: 25 min*

*Nível de dificuldade: 1*

- **1 receita de massa de pão (ver receita na pg. 20)**
- **sal a gosto**
- **5 colheres (sopa) de azeite de oliva**
- **5 tomates maduros e firmes, sem pele e picados**
- **1 chicória**
- **250 g de queijo provolone picado**
- **4 filés de aliche grosseiramente picados (opcional)**
- **12 alcaparras (opcional)**

# FOGAÇA DE RICOTA COM LINGÜIÇA

*Porções: 4-6*

*Preparo: 25 min + 1 h*

*Cozimento: 20 min*

*Nível de dificuldade: 1*

- **1 receita de massa de pão (ver receita na pg. 20)**
- **600 g de ricota**
- **350 g de lingüiça apimentada passada no processador**
- **sal e pimenta-do-reino a gosto**
- **3 colheres (sopa) de azeite de oliva**

Prepare a massa. ❧ Divida em 4 porções e abra cada uma num retângulo com pouco menos de 6 mm de espessura. ❧ Espalhe 1/4 da ricota sobre metade de cada retângulo, deixando uma borda estreita em volta. ❧ Coloque 1/4 da lingüiça sobre a ricota e polvilhe com sal, pimenta e azeite. ❧ Dobre os retângulos, pressione as bordas e dobre para cima, para que o recheio não saia. ❧ Leve ao forno preaquecido a 230°C por 20 minutos ou até dourarem.

# TORTA DE ALHO-PORÓ

Prepare a massa. Corte o alho-poró em rodelas finas, usando apenas a parte branca e o início da verde. Numa panela, refogue na manteiga em fogo alto por 20 minutos, mexendo com freqüência. Tempere com sal e pimenta e deixe esfriar. Enquanto isso, prepare o molho. Derreta a manteiga. Adicione a farinha e cozinhe em fogo baixo até dourar. Retire do fogo e adicione o leite aos poucos para não empelotar. Junte a noz-moscada e volte ao fogo. Cozinhe até engrossar. Reserve. Bata a clara em neve e misture com o alho-poró, o bechamel, o queijo gruyère, o sal e a pimenta. Mexa bem. Retire a massa da geladeira e abra. Despeje o preparado de alho-poró e polvilhe com o parmesão. Leve ao forno preaquecido a 180°C por 40 minutos. Sirva quente.

*Porções: 6*

*Preparo: 10 + 30 min*

*Cozimento: 20 + 40 min*

*Nível de dificuldade: 2*

- **1 receita de massa especial (ver receita na pg. 20)**
- **1 kg de alho-poró**
- **3 colheres (sopa) de manteiga**
- **sal e pimenta-do-reino a gosto**
- **1 clara**
- **4 colheres (sopa) de queijo gruyère ralado**
- **2 colheres (sopa) de queijo parmesão ralado**

**MOLHO BECHAMEL**

- **4 colheres (sopa) de manteiga**
- **1 colher (sopa) de farinha de trigo**
- **2 $^{1}/_{4}$ xícaras (chá) de leite quente**
- **1 pitada de noz-moscada**

# TORTA DELICIOSA

Lave bem o espinafre, mas não seque. Cozinhe por alguns minutos com a água que tiver ficado nas folhas. Retire do fogo, esprema para retirar o máximo da umidade e pique. Refogue o bacon, a salsa, o alho e as cebolas até ficar tudo macio. Reserve uma colher de sopa desta mistura. Deixe o restante na frigideira e adicione o espinafre picado, o parmesão, sal e pimenta. Misture bem. Numa vasilha, coloque a farinha peneirada com uma pitada de sal. Faça uma cova no centro e despeje a banha derretida. Incorpore a farinha aos poucos, adicionando um pouco de água morna de vez em quando até obter uma massa fácil de trabalhar. Sove até ficar lisa e elástica. Divida em duas partes, uma maior que a outra, e abra no formato de dois círculos finos. Use o maior para forrar uma fôrma de aro removível com 24 cm de diâmetro untada. A massa deverá ultrapassar um pouco a borda da fôrma. Recheie com a mistura preparada e alise a superfície. Cubra com o outro círculo, pressionando bem as bordas para fechar. Espalhe a mistura de cebola reservada sobre a superfície da massa e leve ao forno preaquecido a 200°C por 30 minutos. Sirva morna.

*Porções: 6*

*Preparo: 30 min*

*Cozimento: 35 min*

*Nível de dificuldade: 1*

- **1,2 kg de espinafre**
- **150 g de bacon picado**
- **2 colheres (sopa) de salsa picada**
- **1 dente de alho picado**
- **6 cebolas pequenas picadas**
- **100 g de queijo parmesão ralado**
- **sal e pimenta-do-reino a gosto**
- **2 1/2 xícaras (chá) + 4 colheres (sopa) de farinha de trigo**
- **1 pitada de sal**
- **4 colheres (sopa) de banha derretida**
- **água morna para a massa**
- **manteiga para untar**

# Coleção Sabores do Mundo


Criado, editado e desenvolvido por McRae Books, Florença, Itália

Publicado no Brasil por
Girassol Brasil Edições Ltda.
Avenida Ceci, 608 – B-12
Tamboré – Barueri – SP – 06460-120
**E-mail: leitor@girassolbrasil.com.br**
**Site: www.girassolbrasil.com.br**


Impresso no Brasil

Editora da coleção: Anne McRae
Texto: Mollie Thomson, Rosalba Gioffrè, Sara Vignozzi
Edição: Holly Willis
Tradução: Maria Luisa de Abreu Lima Paz
Consultoria: Regina Reis
Fotografia: Marco Lanza
Cenários: Rosalba Gioffrè
Projeto visual: Marco Nardi
Diagramação e recortes: Ornella Fassio, Adriano Nardi, Giovanni Mattioli

Os editores gostariam de agradecer a Mastrociliegia (Fiesole), Eugenio Taccini (Montelupo Fiorentino), Maioliche Otello Dolfi (Camaioni Montelupo), Forno Frosecchi (Florence), Alessandro Frassinelli e Water Mericchi por sua colaboração durante a produção deste livro.

Sobre o fotógrafo:

**Marco Lanza**

Nascido em Florença em 1957, Marco Lanza é fotógrafo de culinária desde o início dos anos 90. Publicou *Florence Gourmande* (1995), *Pastissima!* (1996), *Verdure!* (1997), *Antipasti!* (1997), *Pizza, pane, focacce!* (1998), *Zuppe, risotti, polenta!* (1998), *Carne!* (1998), *Dolci e frutta!* (1998), *Pesce!* (1999), *Flavours of Tuscany* (1999), *Flavours of Sicily* (1999), *Flavours of Piedmont* (1999), *Flavours of Emilia Romagna* (1999), *Flavours of Rome* (2000), *Flavours of Venice* (2000).